Bibliografische Information der Deutschen Nationalbibliothek:

Die Deutsche Bibliothek verzeichnet diese Publikation in der Deutschen National-
bibliografie; detaillierte bibliografische Daten sind im Internet über http://dnb.d-
nb.de/ abrufbar.

Impressum:

Copyright © 2015 GRIN Verlag, Open Publishing GmbH
Druck und Bindung: Books on Demand GmbH, Norderstedt Germany
ISBN: 9783656954088

Dieses Buch bei GRIN:

http://www.grin.com/de/e-book/298625/anlegen-einer-personalakte-unterweisung-
buerokauffrau-mann-fuer-bueromanagement

Simone Ellerkamp

Anlegen einer Personalakte. Unterweisung Bürokauffrau/mann für Büromanagement

GRIN Verlag

GRIN - Your knowledge has value

Der GRIN Verlag publiziert seit 1998 wissenschaftliche Arbeiten von Studenten, Hochschullehrern und anderen Akademikern als eBook und gedrucktes Buch. Die Verlagswebsite www.grin.com ist die ideale Plattform zur Veröffentlichung von Hausarbeiten, Abschlussarbeiten, wissenschaftlichen Aufsätzen, Dissertationen und Fachbüchern.

Besuchen Sie uns im Internet:

http://www.grin.com/

http://www.facebook.com/grincom

http://www.twitter.com/grin_com

„Anlegen einer Personalakte"

Ausbildereignungsprüfung

Präsentation einer Ausbildungseinheit

Simone Kirchner

Inhaltsangabe

1 Thema

Die Auszubildende Sandra Müller (Name geändert) wird heute eine Unterweisung als Fallmethode am Arbeitsplatz des Personalleiters erhalten. Die Unterweisung ist mit 20 Minuten angesetzt und hat das Anlegen einer Personalakte nach datenschutzrechlichen und betrieblichen Vorgaben selbstständig durchzuführen, zum Ziel.

2 Ausganssituation

2.1 Ausbildungsbetrieb

Die Mustermann GmbH ist eine Personalleasingfirma mit 200 Mitarbeitern. Als Ausbildungsberufe bieten sie Kaufmann/Kauffrau für Büromanagement an und den Dualen Studiengang Bachelor of Arts Human Ressources. Die Unternehmensphilosophie ist stark amerikanisiert, deswegen duzen sich die Mitarbeiter. Als oberster Ansprechpartner für Auszubildende ist der Personalleiter verantwortlich. Ansonsten sind noch 3 Ausbildungsbeauftragte mit und ohne AEVO Prüfung, inklusive mir, vorhanden.

2.2 Ausbildungssituation

Ich bilde zurzeit 3 18 jährige Frauen in der staatlich anerkannten Ausbildung „Kauffrau für Büromanagement" aus. Diese Gruppe hat sich von Anfang an gut miteinander verstanden, sodass eine informelle Gruppe entstanden ist. Lernschwächen konnten so erst gar nicht auftreten, da sie sich regelmäßig zum Lernen treffen. Die „Gefahren" einer informellen Gruppe sind mir bekannt, deswegen habe ich auch ein wachsames Auge auf sie. Allerdings ist von Konkurrenz oder Ausgrenzung gegenüber anderen Mitarbeitern nichts zu erkennen. Sie sind alle von Beginn ihrer Ausbildung sehr wissbegierig und befinden sich alle auf dem aktuellen Stand ihrer Ausbildung. Dies ist wohl auch auf meinen kooperativen Führungsstil zurück zu führen. Auch den autoritären Führungsstil bei Abgabeterminen einzusetzen war für die Auszubilden eher bestärkend.

2.3 Auszubildende

Die Auszubildende Sandra Müller ist 18 Jahre alt und hat nach einem sehr guten Realschulabschluss die Ausbildung zur „Kauffrau für Büromanagement" in dem Unternehmen Mustermann GmbH begonnen. Sie befindet sich nun im 6. Monat des 2. Ausbildungsjahres und hat grundlegende Kenntnisse im Ausbildungsbetrieb erlangt. Sie zeigt sich während der Ausbildung engagiert, fleißig, wissbegierig und ordentlich. Sie ist in der Lage selbstständig zu arbeiten, ist aber genauso eine Teamplayerin. Sie ist allen gegenüber sehr höflich und aufgeschlossen. Es sind keine Lernschwächen oder -schwierigkeiten bekannt. Die Leistungen in der Berufsschule und im Ausbildungsbetrieb sind als gut bis sehr gut zu beschreiben. In einer bereits durchgeführten Unterweisung ist Sandra Müller das Bundesdatenschutzgesetz § 5 durch einen Datenschutzbeauftragten ausführlich erläutert worden. Daher verfügt die Auszubildende über die Kenntnisse mit vertraulichen Daten umzugehen. Bereits im 1. Lehrjahr sind der Auszubildenden die Themen Sicherheit und Gesundheitsschutz bei der Arbeit (§ 4 Absatz 4 Nummer 1.5) und Umweltschutz (§ 4 Absatz 4 Nummer 1.6) des Ausbildungsrahmenplanes vermittelt worden. Damit sind die Voraussetzungen für die Beachtung der Arbeitsschutz und Unfallverhütungsvorschriften, Hygienerichtlinien und Mülltrennungsvorschriften während der Unterweisung gegeben.

2.4 Ausbilderin

Nun zu mir, der Ausbilderin. Ich bin Personalsachbearbeiterin und Ausbildungsbeauftragte im Unternehmen Mustermann GmbH. Zu meinen Fähigkeiten als Ausbilderin zählen Verständnis, Geduld und motivieren zu können, weswegen es mir gelingt Auszubildenden Selbstbewusstsein, Eigeninitiative und Verantwortungsbewusstsein beizubringen.

3 Planung und Vorbereitung der Ausbildungseinheit

3.1 Motivation und Atmosphäre

Sandra hat bereits in vorangegangen Unterweisungen gezeigt, dass sie eine selbstständige Erarbeitung motiviert. Deshalb fungiere ich während der Fallmethode nur als Moderator und unterstütze sie mit Geduld und Verständnis. Der Arbeitsplatz ist wie ein üblicher Arbeitsplatz eingerichtet und vermittelt ihr eine Lernatmosphäre, die ein selbstständiges Handeln fördert. Es erleichtert ihr die Umsetzung in den späteren Arbeitsalltag.

3.2 Lernzielgraduierung

Die Grundlage für die Lernzielgraduierung ist die Ausbildungsverordnung vom 17.12.2013. Das Richtlernziel ist aus dem Ausbildungsberufsbild § 4 Absatz 3 Nummer 6.1 „Personalsachbearbeitung" abzulesen, sowie das Groblernziel Lfd. Nr 6.1. b): „Personalakten unter Berücksichtigung von Datenschutz und Datensicherheit führen". Das Feinlernziel oder auch operationalisiertes Ziel ist das Anlegen einer Personalakte nach datenschutzrechtlichen und betrieblichen Vorgaben selbstständig durchführen zu können.

3.3 Lernziele; vor- und nachgelagert

Das vorgelagerte Lernziel ist die Teilnahme am ganzheitlichen Bewerberauswahl-verfahren; u.a. das Bewerbungsgespräch. Das nachgelagerte Lernziel ist das Bearbeiten der Personalakte; z.B. Urlaubs- und Krankentage einheften.

3.4 Lernzielbereiche

Bei der Vermittlung des Feinlernziels sollen der kognitive und affektive Lernbereich angesprochen werden: In dem kognitiven Lernbereich, also dem Lernbereich des Wissens und der Entwicklung intellektueller Fähigkeiten, werden der Auszubildenden die Inhalte und Unterteilung einer Personalakte sowie betriebliche Bestimmungen und datenschutzrechtliche Richtlinien für den Umgang mit der Personalakte vermittelt.

Außerdem wird die Auszubildende in ihrem affektiven Lernbereich, also dem Lernbereich der Interessen, Gefühle und Einstellungen, der sorgfältige, gewissenhafte, vertrauliche und verantwortungsvolle Umgang mit Personalakten vermittelt. Die Handlungsabfolgen aus dem psychomotorischen Lernbereich, also dem Lernbereich der motorischen Fertigkeiten, zu dieser Unterweisung, werden vorausgesetzt.

3.5 Handlungskompetenz

Die 4 Handlungskompetenzen, die bei der Auszubildenden gefördert werden sollen sind Fach-, Sozial-, Persönlichkeits- und Methodenkompetenz. Zur Fachkompetenz: Sandra wird heute lernen welche Bestandteile und Ordnungsmerkmale zu einer Personalakte gehören, nach welchen betrieblichen Vorgaben und gesetzlichen Bestimmungen die Akte anzulegen bzw. zu führen ist. Im Bereich der Sozialkompetenz soll das Vertrauen zwischen der Auszubildenden und der Ausbilderin gestärkt werden. Außerdem soll die Teamfähigkeit durch Ermutigung bei nicht-weiter-wissen Fragen zu stellen, gefördert werden. Bei der Persönlichkeitskompetenz sollen Selbstvertrauen für die Zukunft gegeben und die Eigeninitiative gestärkt werden. Zur Methodenkompetenz: Die Auszubildende soll in der Lage sein das Erlernte zielorientiert anzuwenden. Hierfür werden in dieser Ausbildungseinheit Analysefähigkeit und in-Zusammenhängen-Denken-zu-können gefördert.

3.6 Lernort und -mittel

Die Unterweisung findet im Ausbildungsbetrieb „Mustermann GmbH" in der Personalabteilung in dem kleinen und von der Berufshektik abgeschotteten Büros des Personalleiters statt. Er wird zurzeit der Unterweisung nicht anwesend sein. Der Raum ist hell, ruhig und von Mitarbeitern anderer Arbeitsbereiche nicht zugänglich. Für die Zeitdauer der Unterweisung werden eingehende Anrufe an eine Personalsachbearbeiterin umgeleitet. Der PC bleibt ausgeschaltet. Der Schreibtisch ist ordentlich, sauber und alle Ausbildungsmittel, die für die Bearbeitung der Fallmethode benötigt werden sind griffbereit. Nicht relevante Unterlagen sind verschlossen. Zu den Lernmitteln gehören eine Personalakte als Mustermappe, die Checkliste des Unternehmens für den Aufbau der Akte und Unterlagen von 3 neu eingestellten Mitarbeitern.

3.7 Ausbildungsmethode

Ich habe mich für die Fallmethode entschieden. Dabei wird einer Person oder einer Gruppe ein Musterfall aus dem betrieblichen Alltag vorgelegt, der dann innerhalb einer bestimmten Zeit mündlich, schriftlich oder praktisch zu lösen ist. Die Fallmethode, auch <u>case method</u> genannt, dient der Förderung der aktiven Handlung.

Ich hätte außerdem die Leittextmethode oder das Lehrgespräch wählen können. Wobei der Vorteil gegenüber diesen Methoden ist, dass die Auszubildende komplett selbstständig handelt und für den Ausbilder wenig Vorbereitung zuteilwird. Somit wird Sandra ermutigt eigene Entscheidungen zu treffen.

4 Durchführung der Ausbildungseinheit

4.1 Fallmethode

In der ersten Stufe, der Problemanalyse, teile ich der Auszubildenden die genaue Aufgabe mit, weise sie auf die betrieblichen Bestimmungen hin und erläutere ihr in diesem Zusammenhang die Wichtigkeit der Datenschutzbestimmungen.

Nun macht sich Sandra mit der Mustermappe vertraut. Sie macht sich Notizen welche Unterlagen sie benötigt um den Ordner vollständig zu befüllen und zu beschriften. In der Checkliste ist der Aufbau der Akte abzulesen, was die Bearbeitung vereinfacht. Aus der Situation erkennt sie, dass sie einen leeren Ordner, Klarsichtfolien und Trennblätter benötigt.

In der zweiten Stufe, Aufbereitung von Informationen, prüft die Auszubildende ob ihr alle Informationen vorliegen oder sie ggf. Kollegen zu Rate ziehen muss. Sie stellt fest, dass sie sich in der Personalabteilung bereits auskennt und weiß wo sich die benötigten Unterlagen befinden.

Nun, in der 3. Stufe, der Erarbeitung verschiedener Lösungsansätze, prüft Sandra in welcher Reihenfolge sie die, zur Erstellung der Personalakte benötigten Arbeitsschritte durchführen sollte, um ein schnelles und korrektes Ergebnis zu erzielen.

In der 4. Stufe hat sich die Auszubildende für eine Lösung entschieden, sortiert die Unterlagen der neuen Kollegen und besorgt sich die benötigten Arbeitsmittel. Im Anschluss heftet sie die Unterlagen nach den betrieblichen Vorgaben ab und schließt die Ordner nach den geltenden Datenschutzbestimmungen in den Aktenschrank ein.

In der 5. und letzten Stufe „Feedback" präsentiert Sandra mir ihr Ergebnis. Hier ist es wichtig ihr ein gutes Gefühl zu geben auch wenn Fehler gemacht wurden. Nach meiner ausgiebigen Prüfung komme ich zu dem Ergebnis, dass sie alle Vorgaben eingehalten hat und die Unterlagen richtig einsortiert sind.

5 Erfolgskontrollen

5.1 Lernziel in den Bereichen

Die Lernzielkontrolle wird in der darauffolgenden Woche durchgeführt. Dies wird von mir, der Ausbilderin, in einer praktisch anzuwendenden Übung (Anlegen der Personalakte) und einer mündlichen Leistungskontrolle (die Auszubildende stellt sich den Fragen der Ausbilderin) durchgeführt.

Die Lernzielkontrolle in dem kognitiven Lernbereich ist durch die praktische Anwendung (Anlegen einer Personalakte) zu prüfen.

Die Lernzielkontrolle im affektiven Lernbereich ist eine Kombination aus der mündlichen Kontrolle und der Beachtung zukünftiger Verhaltensweisen.

5.2 Stoffsicherung und Transfer

Sandra wird bis zur Lernzielkontrolle weitere 5 Personalakten anlegen. Von dieser Unterweisung sind Ordentlichkeit und eine strukturierte Arbeitsweise auf jeden kaufmännischen Vorgang anzuwenden. Die Datenschutzbestimmungen wird die Auszubildende bei der Unterweisung der Kundendaten wieder anwenden können.

6 Anlagen

Unabhängiges Landeszentrum für Datenschutz Schleswig-Holstein
www.datenschutzzentrum.de/

Dies ist unser Webangebot mit Stand 27.10.2014. Neuere Artikel finden Sie auf der überarbeiteten Webseite unter www.datenschutzzentrum.de.

Nach § 5 des Bundesdatenschutzgesetzes haben die Unternehmen die Pflicht, ihre Mitarbeiter - soweit diese bei der Verarbeitung personenbezogener Daten beschäftigt sind - bei der Aufnahme ihrer Tätigkeit auf das Datengeheimnis zu verpflichten. Aus Beweisgründen wird empfohlen, diese Erklärung schriftlich abzufassen. Dabei kann das folgende Muster eingesetzt werden:

Verpflichtungserklärung
nach § 5 des Bundesdatenschutzgesetzes (BDSG)

Mustermann GmbH

Name der Firma

Sehr geehrte(r) Frau/~~Herr~~ .

aufgrund Ihrer Aufgabenstellung in unserem Unternehmen gilt für Sie das Datengeheimnis nach § 5 des Bundesdatenschutzgesetzes (BDSG). Nach dieser Vorschrift ist es Ihnen untersagt, personenbezogene Daten unbefugt zu erheben, zu verarbeiten oder zu nutzen.

Gem. § 5 BDSG sind Sie verpflichtet, das Datengeheimnis zu wahren. Diese Verpflichtung besteht auch über das Ende Ihrer Tätigkeit in unserem Unternehmen hinaus.

Wir weisen Sie darauf hin, daß Verstöße gegen das Datengeheimnis nach §§ 44, 43 Abs.2 BDSG und anderen Strafvorschriften mit Freiheits- oder Geldstrafe geahndet werden können. Abschriften der genannten Vorschriften des BDSG (§§ 5 und 44, 43 Abs.2) sind beigefügt.

Ihre sich ggf. aus dem Arbeits- bzw. Dienstvertrag und der Arbeitsordnung ergebende allgemeine Geheimhaltungsverpflichtung wird durch diese Erklärung nicht berührt. Geben Sie bitte die beigefügte Zweitschrift dieses Schreibens nach Vollzug Ihrer Unterschrift an die Personalabteilung zurück.

Mannheim, 01.08.2014

Ort, Datum

Unterschrift der Firma

Über die gesetzlichen Bestimmungen des Bundesdatenschutzgesetzes wurde ich unterrichtet. Die sich daraus ergebenden Verhaltensweisen wurden mir mitgeteilt. Meine Verpflichtung auf das Datengeheimnis nach § 5 BDSG habe ich hiermit zur Kenntnis genommen.

Personalakte

Name; Vorname:_____

Checkliste als Deckblatt und Inhaltsangabe

1. Personaldatenblatt

2. Verträge und Gehaltsfragen

3. Tätigkeiten

4. Gesundheit und Abwesenheit

5. Schriftverkehr

6. Sonstiges

Angelegt

_____   _____   _____

Unterschrift   Druckbuchstaben   Ort, Datum

BEI GRIN MACHT SICH IHR
WISSEN BEZAHLT

- Wir veröffentlichen Ihre Hausarbeit,
  Bachelor- und Masterarbeit

- Ihr eigenes eBook und Buch -
  weltweit in allen wichtigen Shops

- Verdienen Sie an jedem Verkauf

Jetzt bei www.GRIN.com hochladen
und kostenlos publizieren